U0003778

鳴鶴在陰，其子和之。我有好爵，吾與爾靡之。

————《易經》中孚卦

《易經密碼》這套書儘管卷帙浩繁，
但字字珠璣，
不僅是學習易經的入門必備寶典，
也是將易經智慧典藏傳家、
與親人好友分享的醍醐甘露。
我們從書中摘出二十則短文，
希望能引發大家亂世學易的興趣，
讓這部天人之書，
成為大家修身齊家、經營志業的指南。

《易經》的變易、不易、簡易

古人云：「人身難得，中國難生。」如今既已得了人身，又生於中國（指廣義的、文化的中國），要理解以《易經》為首的華夏群經所含藏的大智慧，在先天上就比其他民族佔了絕對優勢。所以，我們怎能輕忽了這絕好的機會呢？

《易經》這部天人之書到底在講什麼？簡言之，「易」，主要是指「變易」，成住壞空、生老病死，面對宇宙間不斷變動的現象，人應如何適應、理解及運用？「易」又指「不易」，在繁複的變動表象背後，自有永恆不變的法則，只要深入掌握，就能化繁為簡，以簡馭繁，故「易」又有「簡易」的意涵。

佛教有三法印之說，即「諸行無常」、「涅槃寂靜」、「諸法無我」。這和《易經》變易、不易、簡易的說法相通。

「簡易」是悟道之後的境界，表示修行的過程中得節制嗜欲，無私無我。莊子說：「嗜欲深者天機淺。」反過來說，嗜欲淺者，天機必深；天機深，才能徹悟大道。

變易是隨時間流逝而產生的變化，要研究變易，就得理解時間的本質，易傳中處處強調「時」的重要，可謂其來有自。《論語》開宗明義第一章：「學而時習之，不亦悅乎！」孟子推崇孔子為「聖之時者」，人生所有的學習必須與時俱進，才能發揮實效。

知機應變與時中之道

時間一去不回頭，是人生最寶貴的資源，而時機、時勢的變化尤須精確掌握，機敏回應。形勢比人強，個人很難跟大環境對抗，所以在形勢形成初期的醞釀階段，就得見微知著，早做準備。《易經》各卦、各爻所言，其實就在教人知機應變。

人的稟性有剛有柔，資源有多有寡，所處環境有順有逆，如何應事合宜，還得講究「時中」之道。「中」是陰陽和合、剛柔互濟的概念，恰到好處，無過與不及，中才能生，才可超越及化解充滿矛盾的世事與人性。「時中」表示中道絕非一成不變，而是因時因地制宜，在每一情境中尋求最適當的解決辦法。

至誠如神，敬慎不敗，唯變所適

多年學易、講易，劉君祖把易學的核心要義整理成十二個字：「至誠如神，敬慎不敗，唯變所適。」誠信為立身之本，精誠所至，金石為開，易理之精確、易占之神準，皆繫於此。真心為慎，人於所愛所重，必然全力維護，先求立於不敗之地，再等待取勝的良機。《孫子兵法》稱：「知彼知己，百戰不殆。」

《易經》也是如此，絕不盲動、躁動。世事變動不居，無可拘執，養成隨時創新、靈活應變的能力最重要。「唯變所適」是〈繫辭傳〉上的話，前接「不可為典要」一句，徹底打破迷信教條的心態。64卦、384爻，告訴我們那麼多應事的法門，最後又一句將之解消，這才是《易經》最圓融高明之處！

八卦的名稱及基本意義

八卦和64卦都是由陽爻和陰爻兩種符號所組成。由陽爻和陰爻組成的三畫卦，共有八種變化，是為八卦。宋朝學者朱熹編了一首《八卦取象歌》，讓初學者在學易時，更容易記誦八卦的卦形：

乾三連 ☰　　　坤六斷 ☷

震仰盂 ☳　　　艮覆盌 ☶

離中虛 ☲　　　坎中滿 ☵

兌上缺 ☱　　　巽下斷 ☴

乾、坎、艮、震、巽、離、坤、兌各卦，分別取象於天、水、山、雷、風、火、地、澤。初學者須記誦、背誦64卦卦名，以便掌握卦的要義。

乾為天　　坎為水　　艮為山　　震為雷

巽為風　　離為火　　坤為地　　兌為澤

64卦的組成和名稱

八卦兩兩相重，可推演出64種變化，形成64卦，而且每一卦都有專屬的名稱。《分宮卦象次序》方便學習者記誦64卦的組成和卦名。

乾為天　天風姤　天山遯　天地否
風地觀　山地剝　火地晉　火天大有
坎為水　水澤節　水雷屯　水火既濟
澤火革　雷火豐　地火明夷　地水師
艮為山　山火賁　山天大畜　山澤損
火澤睽　天澤履　風澤中孚　風山漸
震為雷　雷地豫　雷水解　雷風恒
地風升　水風井　澤風大過　澤雷隨
巽為風　風天小畜　風火家人　風雷益
天雷无妄　火雷噬嗑　山雷頤　山風蠱
離為火　火山旅　火風鼎　火水未濟
山水蒙　風水渙　天水訟　天火同人
坤為地　地雷復　地澤臨　地天泰
雷天大壯　澤天夬　水天需　水地比
兌為澤　澤水困　澤地萃　澤山咸
水山蹇　地山謙　雷山小過　雷澤歸妹

卦序歌

《易經》64卦分為上、下經，上經有30卦，下經有34卦，且有固定的排序。上經始於乾、坤，終於坎、離；下經以咸、恒為首，至既濟、未濟為止。上經言天道，闡述自然演化的奧秘；下經重人事，探索人情人性的幽微，離合悲歡，愛恨情仇。《上下經卦名次序歌》方便學習記誦卦的順序。

乾坤屯蒙需訟師，比小畜兮履泰否；
同人大有謙豫隨，蠱臨觀兮噬嗑賁；
剝復无妄大畜頤，大過坎離三十備。
咸恒遯兮及大壯，晉與明夷家人睽；
蹇解損益夬姤萃，升困井革鼎震繼；
艮漸歸妹豐旅巽，兌渙節兮中孚至；
小過既濟兼未濟，是為下經三十四。

十二消息卦

《易經》有十二個卦，用來代表陰曆的十二個月份。各卦中六爻的陽長陰消及陽消陰長現象，恰與季節的變化相對應。

復卦（11月）

臨卦（12月）

泰卦（1月）

大壯卦（2月）

夬卦（3月）

乾卦（4月）

坤卦（10月）

剝卦（9月）

觀卦（8月）

否卦（7月）

遯卦（6月）

姤卦（5月）

易經的六個「无疆」

清末民初易學大師杭辛齋首先提出《易經》有「六无疆」的說法。先是坤卦〈彖傳〉有「德合无疆，行地无疆，應地无疆」。大地之上有那麼多國界、州界、省界，其實都是人劃出來的，自然的「坤」哪有疆界？所以首先必須在思考上突破這個疆界。另外，益卦〈彖傳〉有「民說（悅）无疆、日進无疆」。「民說无疆」，是指老百姓也被整個時代氣氛鼓舞得雄心萬丈，因為進入全球化的時代，可以跨國經營，沒有疆界限制，發展不可限量，自然就「日進无疆」了。就像所有偉大的宗教都沒有國界限制，從印度一個小國發展出來的佛教就可以擴展至全球；從中東出來的耶穌基督也影響全世界。臨卦的「无疆」則更開放，先是「教思无窮」，然後是「容保民无疆」。

臨卦講「容保民无疆」，跟臨卦只差一個爻的師卦（䷆）則講「容民畜眾」，兩者的意義其實是很接近的。就像蠱卦在談到社會劇烈轉型時，要改革成功、落實開放政策，就必須透過教育，提升民眾的素質。所以蠱卦要「振民育德」，才能保障全民改革成功，不然很容易淪為政黨鬥爭的工具。臨卦的開放社會更是充滿新的挑戰。在開放競爭的時代，不保障特權，那就更要提高教育水準，否則競爭力從何而來？「教思」就是要懂得動腦筋。唯有「教思无窮」，才能「容保民无疆」。

易經裡的西方三聖：中孚、觀（左）、臨（右）

佛教有西方三聖，跟易經中孚、觀、臨三個卦的象剛好吻合。中孚卦是站在中間的阿彌陀佛，念阿彌陀佛就可以「既濟」到西方極樂世界。當然，除了念佛號，還得「小過」，像小鳥練飛一樣不斷在實踐中歷練、調整，最後才有可能「既濟」。將中孚卦拆開，一個是在左邊的觀世音菩薩，那就是觀卦；一個是在右邊的大勢至菩薩，那就是臨卦。觀卦跟觀世音菩薩的關係大家比較容易理解。臨卦跟大勢至菩薩的關係又是怎麼來的呢？

臨卦第四爻叫「至臨」，高高在上的上卦坤，就叫「地勢坤」。然後〈序卦傳〉說「臨者，大也」，不就是「大勢至」嗎？因為「臨」不能缺乏「觀」，有正確的觀點之後，就得行，那就是臨卦的境界。而且要在現實的大地上實踐出來，就得靠大勢。「至」又是坤卦的本領，「至哉坤元」，再崇高的理念都能落實。掌握政權、君臨天下的人，當然有大勢；如果他願意好好幹，就可以做到他想做的事，不論是服務人民或利益眾生，都可以和坤卦的母愛一樣無微不至。所以看著是三個象，其實是一個，觀加上臨，左右兩大護法，合而為一、配合無間，就是「中孚」。做到了時中之道，就可以「既濟」。

透過易經這三個卦的內涵與它們之間的關係，可以更清楚了解三合一的佛教西方三聖並不是三個偶像，而是告訴我們實際要怎麼修、怎麼信、怎麼誠。亦即「諸惡莫作，眾善奉行，自淨其意，是諸佛教。」「臨」加上「觀」就可以構成一個完美的「中孚」，中孚就能幫助我們「既濟」，利涉大川，般若波羅密，大智慧到彼岸。

易經的「三世之說」

在孔子建立的義理象徵系統中，有著名的三世之說。這是東漢何休提出來的。他認為孔子著《春秋》，是取春秋時期242年「著治法式」，將社會的興衰治亂分為三世：據亂世、升平世、太平世。「太平世」就是泰卦；「升平世」就是升卦；「據亂世」就是蠱卦。

「據亂世」時期，如果改革成功，社會進化，就進入「升平世」，其實就是蠱卦上爻改革成功，爻一變成為升卦的「升平世」，四海昇平的社會出現了。「升平世」要進入「太平世」，還有一個爻要動，就是升卦初爻變泰卦（䷊）。「升平世」跟「太平世」的差別在於廣大的基層有沒有參與權？是否還政於民、國泰民安？因為升卦初爻是虛的，泰卦初爻是實的，所以蠱卦即使改革成功，上爻改革得很辛苦，最後突破特權，也只是「升平世」，沒有真正讓基層民眾參與、享受特權。升平世要往太平世提昇，就要升卦初爻再變。可見，孔子《春秋經》由「據亂世」到「升平世」、「太平世」的公式，就是《易經》爻變的概念。「四書五經」之間的關係本來就是一以貫之的，這是了解其真正含義的關鍵。

蠱卦「據亂世」的「據」是動詞，而不是名詞。也就是說，如果身處亂世，不要覺得生不逢辰，因為你唯一的根據就是亂世，要勇於面對，要「利建侯」，在亂世中扎根。所以蠱卦很重要。如果不希望世道永遠這麼亂，就要面對它、改革它，不能睜一隻眼、閉一隻眼，消極避世。

改變現狀的三種方法：蠱、革、巽

從《易經》的觀點來看，若要打破現狀、對現狀不滿或想捍衛現狀，就是蠱、革、巽三個卦。不論攻與防，都不出這三個卦的招式；若能深入體會，要達到預期效果就比較容易了。

中國歷史上轟轟烈烈的變法改革叫蠱；改朝換代的革命叫「革」，那是更劇烈的行動，但可能比體制內的改革容易些。還有一種是既不革命，也沒有轟轟烈烈的改革，可是最後發現它是借殼上市，也就是採用巽卦長期部署的陰柔手法，混入組織內，「先庚三日，後庚三日」，最後全面翻盤；就像李登輝混入國民黨，在國民黨內部搞親日與台獨。

從歷史來講，蠱卦的體制內改革，成功率偏低，比革卦的革命還低。因為革命完全不考慮維持既有狀況，整個打翻不要，全無顧忌，也不用投鼠忌器。體制內的改革就像端著一個花瓶或金魚缸，一方面得時時保持平衡，水抽一點、放一點；一方面要把髒水換掉，所以壓力非常大。革命就是把金魚缸砸了，再換一個全新的。「蠱」為了保留某些舊有的東西，只好遷就現實、又想改革現狀，那就要有絕高的智慧，還要有改革到底的決心、毅力，更要有一定的運氣。

中國歷代革命成功、改朝換代的很多，但改革成功的幾乎沒有。政治改革叫作「變法」，而歷史上只有商鞅變法成功，但那時還不是普及於全中國，而且商鞅最後下場很慘。及至後來的王莽、王安石，以及一百多年前康有為、譚嗣同的戊戌變法，最後都以失敗告終，可見體制內的改革牽涉到很多複雜的問題，成功確實不易。

易經中的「匪寇婚媾」

《易經》很重視人際的往來互動，其中有個非常重要的原則，叫做「匪寇婚媾」。

《易經》中所有的「匪」字，都是「非」，無一例外。「寇」就是人生路上對你有敵意的「土匪強盜」。象徵生命初生的屯卦從第二爻就遇到「寇」，可見生存競爭真不容易。「匪寇婚媾」的意思是說，面對敵人，你一個人對付不了，所以要結盟；由形式上的同盟到百分之百水乳交融的實質合作，這就叫「婚媾」。人生就是這兩種關係，哪些人是你可能的敵人或競爭者？哪些人是你要想辦法爭取結盟的？其中可能有婚的關係、有媾的關係、或者既婚且媾的關係。「匪寇婚媾」的語法修辭非常精簡，就是廣結善緣，不要樹敵。你在強勢時到處樹敵，甚至製造假想敵，暫時還控制得了；哪天你下台不居勢了，這些人都來報仇，那你就慘了！你過去欺人太甚，現在人家落井下石，痛打落水狗。所以，人生不管是勢強、勢弱，最好廣結善緣，化敵為友，因為你不會永遠那麼強。人生短暫，交朋友都來不及，幹嘛還樹敵？

所以，與人交往，最高境界就是不要變成「寇」的生死大仇，可以不要合作，不是同志，但未必是敵人。值得充分肯定的關係當然是可以發展深入合作的「婚媾」關係；也可以不拘形式，進行不婚而媾的實質合作，在商場、職場、官場，這種關係多得很。還有就是形式上來往的婚而不媾。所以各種朋友都可能有幫助，甚至原來可能是「寇」的關係，都要設法化敵為友。

君相造命

易經占卦之神準，常讓人驚嘆不已。劉君祖先生常說：「藉占學易，藉易修行。」透過占卦解卦，對易理的深闊恢弘與靈活變通將有更透徹的領悟。反身修德，就可以超越易占，所謂「善易者不占」即是。比方說在講革卦的「大人虎變，未占有孚」時就提到，「大人虎變」代表強大的行動力，歷代打天下的梟雄都是如此。「未占有孚」，是說這種具有無限創造力的「大人」根本不用占卦，靠行動力與智慧的生命爆發能量，就可以超越宿命的規律。就像離卦的「大人以繼明照四方」，還需要算卦嗎？利益眾生的益卦君位「有孚惠心，勿問元吉。有孚惠我德」，革卦「未占有孚」也是在「有孚」的基礎上。自信夠的人根本不用算卦，革卦「九五」做的是驚天動地的變革，那已經比算卦還高了。在講復卦「迷復」這一爻就講過，康熙親征葛爾丹，大學士李光地占到「迷復，凶」，儘管李光地再三勸退，他照樣出征，因為「貞我悔彼」，「迷復，凶」指的是葛爾丹，不是指康熙；所以葛爾丹「迷復」，「至於十年不克征」。

可是「大人虎變」跟姜子牙的故事，「貞我悔彼」就說不通了。我們都知道武王伐紂時，有人占卜出師不利，姜子牙不信占卜，他說：「枯草朽骨，安可知乎？」後來武王伐紂成功，超越了占卦。

我們都知道，第五爻是君位，第四爻是相位，朝代興亡，越是居高位的管理者越不可以迷信，一切成功都是靠自己創造的。這就是中國歷史上很有名的「君相造命」觀念。像革卦就是「改命吉」、「未占有孚」。「君相造命」就超過順命的層次，「將相本無種，男兒當自強」，陳勝、吳廣起義時就說「王侯將相，寧有種乎」，王侯將相都是自己努力創出來的。

飲食宴樂

人生必有所求，需卦就是專門探討這個議題。需卦提醒我們，在漫長的等待中，要藉著「飲食宴樂」來維持平常心。「宴樂」是在等待的過程中訓練自己的沉穩度。不管長期目標是什麼，日子還得照樣過；該吃就吃，該喝就喝，該宴樂就宴樂，千萬不能像勾踐那樣臥薪嚐膽，天天咬牙切齒，那是最不健康的。所以越國雖然最後大仇得報，但三十年內完全沒有國家建設，老百姓犧牲奮鬥三十年，最後卻換來滅吳之後國運快速衰落。可見，飲食宴樂就是提醒我們在追求理想目標時維持平常心，天天吃飽喝足，精神正常。說不定這樣還更容易達到目標，獲得成功。

「君子以飲食宴樂」是等待的智慧，也是一種兵法策略。當我們對一個目標有所需求時，很想幹，可是又怕痕跡太露，使對方有所防範。在這種情況下，通常就會請對方吃飯遊玩，緩和對立的氣氛。這也是飲食宴樂。所以生意人常有公關飯局，因為在會議桌上直接談，很容易翻臉；在飲食宴樂的友好氣氛中，雙方越走越近，談判自然變得輕鬆容易。

需卦除了包含生存資源，也包括信仰等終極關懷。人們希望「利涉大川」渡彼岸，到達極樂世界。比較極端的人就會說，極樂世界又不是那麼容易就能去到的啊，所以要在現世咬牙苦修，天天在佛前參拜，完全放棄此世的飲食宴樂，希望上帝垂憐、我佛慈悲，看在我信仰堅貞的份上，讓我「利涉大川」。其實平常的飲食宴樂何礙於修行？修行當下即是，這也是《易經》隨卦的智慧。所謂的前世來生都不如今生重要，把握當下的飲食宴樂，安安穩穩過日子，這就是需卦的主張。不論政治、宗教的追求，也都要從這裡去思考平常心的要義。

「自外來」與「固有之」

易經在探討人生的禍福利害時，要我們先弄清楚它們到底是「自外來」還是「固有之」？「固有之」是我們自己原先就有的；「自外來」是從外面突然而來的東西。例如益卦「六三」靠「固有之」的資源，度過災難；而「六二」的福報與「上九」不可測的禍患，卻是「自外來」的。

除了益卦，无妄卦也專門探討「固有之」跟「自外來」的關係。无妄之災、无妄之疾的發生就是因為「固有之」的東西有問題；也就是外面的欲望誘惑讓我們內心產生動搖。所以无妄卦第四爻提醒我們只要守住固有的，就不會受外來的影響。但无妄卦更值得重視的提醒是，「固有之」與「自外來」之間是有關聯的，現在固有的東西曾經是自外來的。无妄卦的〈象傳〉就說「剛自外來而為主於內」。「剛自外來」，內卦震的生命力是自外來的；「為主於內」就是它已經成為我「固有之」的東西了。就像地球上的生命是從外太空來的，但外來的生命在地球扎根生長，慢慢就成為地球生命的主角。所以在任何情況下，人人都有「固有之」的東西；不在你範圍之內的就是「自外來」的東西，可能是福，也可能是禍。把「自外來」的消化吸收，就會變成「固有之」的。就像中國傳統文化源流中本來沒有佛教，現在佛教反而是中國傳統文化的一部分；像胡琴本是西域傳過來的，現在卻成為演奏國樂的主要樂器。在唐朝那個開放的時代，就是擅長把「自外來」的吸納變成「固有之」。這種海納百川的消化吸收能力，才能使自己不斷發展壯大。

東方文明與西方文明的交會也是一樣的道理。我們要能夠把「自外來」的變成「固有之」，前提是要善於維護、發揚「固有之」的東西；如果自身力量不強，就有可能受到外來文化的侵擾而失去「固有之」的優點、特色。

經改與政改

益卦第四爻最迫切的問題就是進行政治改革，所以「利用為依遷國」就是它主要的目標。「遷國」不僅是指為了某些原因而將國都遷往別處，這裡還有另一層意涵，就是進行重大的政治變革。

不論是重大的政治變革或是合乎時宜的遷國，一定要有民意基礎，才能帶來最大的效益。這就是「利用為依」。所以「六四」一定要爭取到「初九」廣大民意的支持，況且「初九」已經「利用為大作」，在各種完善的社會基礎上，各行各業都發展得很好，所以它也非常願意支持「六四」，是「六四」推行大計的重要民意支持依據。因此「初九」利用「六四」推動的政策「為大作」，經濟實力強盛起來；「六四」要進行進一步的政治規劃、改革，也要利用「初九」的民意支持，「為依」才可以「遷國」。所以他們是互相利用、也互相支持。

也就是說，「利用為依遷國」一定要在「利用為大作」的基礎上，同時二爻、三爻都到位了，才能進行。中國的改革開放就是如此。改革是為了發展經濟、改善民生；開放就是和國際接軌。經過一段時間之後，看看經濟實力沒有太大問題了，民生富實，才能進行政治改革。當年蘇聯在戈巴契夫的領導下經改、政改一鍋炒，結局之慘，大家都看得到。

此外，益卦想要「利用為依遷國」，還要「中行」和「告公從」。一方面要兼顧各方利益，一方面要集思廣益、爭取民意、天意的支持。不然，所有人的利益合起來，很可能就是更大的私人利益，並不客觀；像美國的民意很可能就犧牲了其他種族的幸福，這時就需要老天爺來主持公道，透過龜甲卜筮來顯示。

從初戀到第二春

易經上經講天道自然的演變，下經則專論人間世事的發展。下經從少男少女談戀愛的咸卦開始，一步一步發展到恒卦渴望天長地久的婚姻，經過嫌隙初現的遯卦，再經歷光明的晉卦和黑暗的明夷卦，然後進入家人、睽、蹇、解的輪迴。最後雖然暫時回歸損、益的理性權衡，但經過了益卦的累積，到了夬卦，就無法再維繫下去了。所以說，人跟人長久相處，倘若積怨太深，一朝決裂，覆水難收，很難再回頭；接下來只能嘗試新的路子，那就是姤卦的不期而遇。就如同水一旦宣洩出來，只有繼續往下流，走向不可知的命運。上游的水流下來積聚在下游，就是萃卦；下游的水漲起來，水位上升，升卦就產生了。可見，夬卦跟舊關係決裂，產生姤卦的新機緣，但因為姤卦不是穩定的體制，有了新歡，進入新的生活社群，就會希望尋求合法的保障，那就是萃卦。

萃卦不像姤卦是隨機的、檯面下的，而是堂而皇之聚在一起。倘若聚合得好，人生就可能進入新的境界，那就是升卦。所以萃卦也是《易經》中專門談人情的卦，跟咸卦、恒卦、兌卦差不多，但萃卦是第二春的概念，因為它前面是姤卦、夬卦終結的第一春。

人生的轉捩點，常因為新的機緣而徹底改變，從夬卦到姤卦就是很大的轉換，後面是萃卦和升卦。而這些變化，就是因為前面的損、益不斷往裡面加東西；加滿了就得宣洩出來。這種長期積累所造成的爆發，往往是累積到稍稍有一點滿溢出來，就成為姤卦燎原的星星之火。

另外，要稍微提一下夬、姤的錯卦。夬卦（䷪）與剝卦（䷖）相錯；姤卦（䷫）與復卦（䷗）相錯。這四個卦就好比是太極圖中陰中有陽、陽中有陰的魚眼睛；陰極轉陽，陽極轉陰。而且這四個卦在《易》卦中特別重要，都有「機」的概念，危機、轉機、生機、契機皆是。很多卦的卦中卦都包含這四個卦的生死存亡之機。有了「機」的存在，就會產生不可逆轉的變化。

易經裡的同志之愛

夬卦「九四」爻說:「臀無膚,其行次且。牽羊悔亡,聞言不信。」這段文字我們也可以稱之為對「同志之愛」的具體描述。同性戀是自古就有的現象,過去稱為「斷袖之癖」。現代社會越來越普遍,而且公開化。「臀無膚,其行次且」,就是「同志之愛」裡的親密關係。而且這個爻一看就知道還是男「同志」。不知道為什麼,《易經》談「同志之愛」只談到「男同志」,不談「女同志」。「臀無膚」講的是缺乏保護層,要小心衛生。「其行次且」,「且」是陽根,「次」就是暫時安身之處,即男「同志」之間表達愛的方式。那麼「牽羊悔亡」就是「出櫃」,陽跟陽牽在一起,手牽手。在沒「出櫃」以前,人家都「聞言不信」。可見,《易經》對同性戀並沒有正面或負面評價,只說是自然需求;因為這也是一種愛,但不為社會所容,更不能創造新生命;這種剛決柔的生態,純粹是在夾縫中求生存。

姤卦可遇、復卦可求

乾坤是父母卦，有人說復卦和姤卦就是小父母卦。其實過去並沒有這種講法，而是直接把復卦視為小父母卦。因為復卦一陽復始、陽入陰中的力量生生不息。姤卦則牽涉到宇宙的形成，這從爻變的觀念來講，會更為具體。《易經》乾卦初爻「潛龍勿用」爻變是姤卦，可見宇宙的生成完全是機緣，沒有任何計畫，也沒有造物主。把姤卦、復卦的模式套用在人生際遇上，也絲毫不爽。

在《易經》很多卦、爻中，姤卦、復卦都有極大的影響力。像有些卦、爻中，就用「復」的概念提出反復其道的勸誡；有的要往內反省，掌握核心創造力；有的要在體悟真理之後發現自己的言行失誤而改過自新……。另外，所有在卦爻中的「遇」都是姤卦的觀念。

姤卦的遇可遇不可求，有天命的因素，也有人的因緣；因緣不具備，怎麼求也求不到。那什麼是可求的呢？復卦就可求，如培養自己的核心創造力、力圖恢復本性；修得越深刻，對復的掌握就越深刻。也就是說，本心可求、本性可修，儒釋道都如此認為；而且復是內求，反求諸己。蹇卦講「反身修德」，「不遠復」，明顯是人可以辦得到的。可是，姤卦純粹是機緣，可遇不可求。

修為可求，機緣可遇。這就是復卦和姤卦的本質區別。復卦是如如不動，想求就要反求諸己、提高修為；姤卦是求而不得，不想求的卻天天往頭上砸。所以求是自求，遇是外遇；外求的東西無法控制，只能內求自己日新其德。人生很多痛苦就如姤卦，越求越得不到，因緣可遇不可求；既然求不得，還不如從復卦下工夫。這是我們唯一能掌握的，自強不息，自昭明德，不假外求，這才是修身之道。

卦爻全吉的謙卦

《易經》64卦中，謙卦是最特殊的一個卦，卦爻全吉，找不出任何弱點、瑕疵。強調「天地之心」的復卦也非常重要，但在它六個爻的實踐修行歷程中，卻有無限的風險，可能會走火入魔，甚至可能禍國殃民。乾、坤是天地父母卦，一個至剛、一個至柔，但兩個卦的爻也很辛苦；坤卦的「龍戰于野，其血玄黃」很慘烈；乾卦的「亢龍有悔」很遺憾。所以64卦除了謙卦之外，所有的卦與爻都沒有辦法做到全吉；不是凶，就是悔、吝。但謙卦從卦到爻都是完美的非吉則利，所以它是唯一得善終的卦；不管做什麼，只要在「謙」的領域都吉。謙卦這個特殊性，在易學研究史上一直都受到高度重視。中國人最美好的期望就是，不論什麼事情最後都能得到圓滿善終，謙卦就是一個代表。在〈繫辭傳〉中，孔子把謙卦唯一的陽爻「九三」特別提出來讚揚一番，以作為標榜，希望把謙卦的精神發揚光大。這個爻也是謙卦精神的代表，是全卦之主。

謙卦之所以這麼好，就在於它兼顧天地人鬼神，也就是自然生態，歷史文化與現當代的利益均衡，絕不是自私自利，以眼前的利益為中心；它會盡可能周到圓滿地考慮各方因素，讓大家建立共識，避免衝突，並維持長久的和平共存。一個人要做到這一點並不容易，因為他的言論、主張，也就是立德、立功、立言，都要照顧到「兼」字，萬無一失。如果真做到了「言之兼」，兼善天下，又不失其獨善其身的獨特性，更不會損人利己，當然卦爻全吉，堪稱為聖德的境界。

《我有好爵》易經筆記書

作者│劉君祖　主編│鄧美玲　編輯│李濰美　設計│張士勇

出版│大塊文化出版股份有限公司　台北市南京東路四段25號11樓

初版一刷│2015年10月　初版六刷│2023年3月　定價│新台幣350元

ISBN　978-986-213-641-6

00350

9 789862 136416